Sonderedition
Stadt
WEDEL
Altes Rathaus

WEDELLAND

OLE WEST

TIDENHUB VERLAG NORDERNEY

Vorwort

Wo hat Ole West nicht schon überall Landgang gehabt: In England und Irland und im Land der Franzosen und sogar der Amerikaner. Und überall in Deutschland natürlich auch, in allen Bundesländern.

Nur in seiner Heimatstadt an der Elbe hat es bis zum Jahr 2007 keine Ausstellung seiner Bilder oder Bücher gegeben. Dabei ist er dort nicht nur geboren, sondern auch zur Schule gegangen, von dort aus hat er in Hamburg studiert und mit der künstlerischen Arbeit begonnen. Auch später noch, von Norderney aus, hat er Wedel regelmäßig besucht und den Kontakt zu seinen Eltern gepflegt.

Die Stadt ist übrigens in vielen Seekarten verzeichnet und Leuchttürme hat sie auch, in der Nähe wenigstens, die haben ja Ole West bekannt und beliebt gemacht. Das alles hätte längst für ganz viele Ausstellungen reichen müssen oder für einen Weg in die Marsch, der seinen Namen trägt. Hat es aber sehr lange nicht, dafür hingen in den Diensträumen der Stadtpräsidentin und des Bürgermeisters seine Bilder schon längst, bevor er endlich auch Wedelland erobert hat mit einer großen Ausstellung im Rathaus.

Alle Arbeiten in diesem Buch sind für diese Ausstellung entstanden und setzen sich mit der Region auseinander, die mag der Künstler offenkundig sehr:
Die Elbe und alles, was mit Schiffen und Seezeichen zu tun hat, sogar maritimen Schrott. Er fühlt sich zu Hause in der Marsch mit den zerzausten Weiden, und die leider raren steinernen Zeitzeugen in der Stadt finden seine Aufmerksamkeit und natürlich Rinder, Rist und Roland.

Er lenkt in seinen Arbeiten die Blicke dann gern auf Ausschnitte auf Details, selten auf das ganze Objekt. Alltägliche Dinge und profanes Material fallen ihm auf und er entdeckt plötzlich ein Hopper-Motiv, wo unsereins nur den Zugang zum Tonnenhafen vermutet.

So, wie Ole West die Objekte genau ansieht und verarbeitet, entsteht allerdings keine Idylle auf dem Papier oder der Leinwand, sondern das Ergebnis ist eine ganz subjektive, liebevolle, manchmal auch sorgenvolle Sicht der Dinge in seinem Wedelland.

Genau so, wie sich seit Jahrzehnten Menschen über seine Arbeiten freuen und sie sich als Schmuck für ihr Umfeld ausgesucht haben, genau so geht es jetzt unserer Stadt:
Wir freuen uns über seine Bilder, über seine Impressionen aus unserer Umgebung und wir schmücken uns mit ihm und mit seinen Werken. Dafür bedarf es nicht einmal vieler Seekarten oder Leuchttürme.

Auf noch viel Landgang in Wedelland!

Martin Schumacher
Wedel Marketing

„Blankenese ist schon querab ...“
Richtung Wedel

Blankenese ist schon querab...
2007

„Wie, Ochsenmarkt ...?“
Roland Wedel

Wie, Ochsenmarkt … ?
D. Weiß
2007

„WEDEL romantisch“
Wedeler Markt

WEDEL romantisch
2007

„WEDEL, Rolandstraße“

WEDEL, Rolandstraße
O. West
2007

„In Alt-Wedel ...“

In Alt-Wedel...
2007

„Gemütlich da – in WEDEL“
Am Wedeler Markt

STOHLMA
Galerie
Gemütlich da - in
WEDEL
V. West '07

„Reepschlägerhaus WEDEL“

Reepschlägerhaus
WEDEL

„... doch, doch, DA ist gut sein ...“
Theaterschiff Wedel

2007

„Theater bei Vollmond“
Theaterschiff BATAVIA

„BATAVIA romantisch"
Theaterschiff BATAVIA

2007

„Auwiesen bei WEDEL“

Auwiesen bei
WEDEL

„Komm, wir gehen
nach Fährmannssand ...“
Wedeler Marsch

O. Wirr 2007
Komm, wir gehen nach Fährmannssand ...

„Am Weg …“
Wedeler Marsch

O. Wolf
2007
(Am Weg...)

„WEDEL, der Weg beim Hofladen ...“
Wedeler Marsch

2007
WEDEL, der Weg beim Hofladen...

„Natürlich – 'n Wedeler Baum ...“
Wedeler Marsch

2007
Natürlich - 'n Wedeler Baum...

„Moin die Marsch ...“
Wedeler Marsch

O. Wehr
2007
Moin die Marsch...

„Wer redet hier von einsam?"
Wedeler Marsch

Wer redet hier von einsam?
2007

„Elbwiesen bei WEDEL“
Hetlinger Schanze

2006/'07

„Elbwiesen bei WEDEL“

Elbwiesen bei WEDEL
2007

„... ist schon schön, „sunne“ Burg ...“
Wedel-Schulau Elbburg

ELBBURG
...ist schon schön, „'nne" Burg...
2007

„Schade, schade, schade ...“
Alte Ladiges Villa

Schade, schade, schade…
Die Wedeler werden den Titel verstehn
2007

„Komm, Schiffe gucken ...“
Wedel-Schulau, Willkomm Höft

Komm, Schiffe gucken...!
O. Wert
2007

„WEDEL ... fast klassisch“
Wedel-Schulau, Am Parmaß

WEDEL → … fast Klassisch

„Warten auf'n „dicken Pott" ..."
Wedel-Schulau, Willkomm Höft

WILLKOMM HÖFT
WELCOME POINT
„Nicht-Warten auf Gordot – sondern Warten auf'n dicken Pott"...
2007

„Wedel, Untiefenzeichen Nähe Hafen"
Wedel-Schulau, am alten Hafen

Wedel, Untiefenzeichen Nähe Hafen
2007

„Peilbaken bei der Mole“
Wedel-Schulau, Hamburger Yachthafen

Peilbaken bei der Mole (Yachthafen Hbg.)
2007.

„Fast ‘n Hopper ...“
Wedel-Schulau, Tonnenhafen

2007

„Warum malen Sie so gerne Schrott?"
Wedel, Tonnenhof

Warum malen Sie so gerne Schrott?
Schrott, welchen Schrott?
WEDEL, Tonnenhof
O. Wist
2007

„Geliebter Schrott“
Wedel, Tonnenhof

Geliebter Schrott!
(Tonnenhof)
2007

„Tonnenhof"
Wedel-Schulau, Tonnenhof

Tonnenhof
J. Wen
2007

„Hafenfest WEDEL“
Wedel-Schulau,
Hafenfest 2007

fest
DEL
2007

„Erinnerung ...“
Alte Wedel-Lühe Fähre

SCHULAU
Erinnerung....
2007

„Neulich abends in der
WEDELER Marsch ...“
J. Rist und Roland

Neulich abends in der
WEDELER
Marsch ...
2007

Bildverzeichnis

Herausgeber:
Tidenhub Verlag OHG E. West und M. Rohde

WEDEL-Land O. West
ISBN 978-3-9811951-1-8

Layout:
L & S Digital Limited & Co. KG, Kiel

1. Auflage, November 2007